When I Am Gloomy
Als ik somber ben

Sam Sagolski
Illustrated by Daria Smyslova

www.kidkiddos.com
Copyright ©2025 by KidKiddos Books Ltd.
support@kidkiddos.com

All rights reserved. No part of this book may be reproduced in any form or by any electronic or mechanical means, including information storage and retrieval systems, without written permission from the publisher, except in the case of a reviewer, who may quote brief passages embodied in critical articles or in a review.
First edition, 2025

Translated from English by Missy Veerhuis
Vertaald uit het Engels door Missy Veerhuis

Library and Archives Canada Cataloguing in Publication
When I Am Gloomy (English Dutch Bilingual edition)/Shelley Admont
ISBN: 978-1-83416-810-4 paperback
ISBN: 978-1-83416-811-1 hardcover
ISBN: 978-1-83416-809-8 eBook

Please note that the English and Dutch versions of the story have been written to be as close as possible. However, in some cases they differ in order to accommodate nuances and fluidity of each language.

One cloudy morning, I woke up feeling gloomy.

Op een bewolkte ochtend werd ik somber wakker.

I got out of bed, wrapped myself in my favorite blanket, and walked into the living room.

Ik stapte uit bed, wikkelde mijn favoriete deken om me heen en liep de woonkamer binnen.

"Mommy!" I called. "I'm in a bad mood."
"Mammie!" riep ik. "Ik ben in een slechte bui."

Mom looked up from her book. "Bad? Why do you say that, darling?" she asked.
Mam keek van haar boek op. "Slecht? Waarom zeg je dat, liefje?" vroeg ze.

"Look at my face!" I said, pointing to my furrowed brows. Mom smiled gently.
"Kijk maar eens naar mijn gezicht!" zei ik, wijzend naar mijn gefronste wenkbrauwen. Mam glimlachte lief.

"I don't have a happy face today," I mumbled. "Do you still love me when I'm gloomy?"
"Ik heb vandaag geen blij gezicht," mompelde ik. "Hou je nog steeds van me als ik somber ben?"

"Of course I do," Mom said. "When you're gloomy, I want to be close to you, give you a big hug, and cheer you up."

"Natuurlijk doe ik dat," zei mam. "Als je somber bent, dan wil ik dicht bij je zijn, je een dikke knuffel geven en je opvrolijken."

That made me feel a little better, but only for a second, because then I started thinking about all my other moods.

Daardoor voelde ik me iets beter, maar slechts voor even, want toen dacht ik weer aan al mijn andere gevoelens.

"So... do you still love me when I'm angry?"
"Dus... hou je nog steeds van me als ik boos ben?"

Mom smiled again. "Of course I do!"
Mam glimlachte weer. "Natuurlijk doe ik dat!"

"Are you sure?" I asked, crossing my arms.
"Weet je het zeker?" vroeg ik, terwijl ik mijn armen over elkaar sloeg.

"Even when you're mad, I'm still your mom. And I love you just the same."

"Zelfs als je boos bent, ben ik nog steeds je moeder. En dan hou ik nog net zoveel van je."

I took a big breath. "What about when I'm shy?" I whispered.
Ik haalde diep adem. "Wat als ik verlegen ben?" fluisterde ik.

"I love you when you're shy too," she said. "Remember when you hid behind me and didn't want to talk to the new neighbor?"
"Ik hou ook van je als je verlegen bent," zei ze. "Weet je nog dat je je achter me had verstopt en je niet met de nieuwe buurjongen wilde praten?"

I nodded. I remembered it well.
Ik knikte. Ik herinnerde het me heel goed.

"And then you said hello and made a new friend. I was so proud of you."

"En toen zei je hallo en maakte je een nieuwe vriend. Ik was zó trots op je."

"Do you still love me when I ask too many questions?" I continued.

"Hou je nog steeds van me als ik te veel vragen stel?" vroeg ik toen.

"When you ask a lot of questions, like now, I get to watch you learn new things that make you smarter and stronger every day," Mom answered. "And yes, I still love you."

"Als je veel vragen stelt, zoals nu, dan zie ik dat je nieuwe dingen leert die je elke dag slimmer en sterker maken," antwoordde mama. "En ja, ik hou nog steeds van je."

"What if I don't feel like talking at all?" I continued asking.
"Wat als ik helemaal geen zin heb om te praten?" bleef ik vragen.

"Come here," she said. I climbed into her lap and rested my head on her shoulder.
"Kom hier," zei ze. Ik klom bij haar op schoot en liet mijn hoofd op haar schouder rusten.

"When you don't feel like talking and just want to be quiet, you start using your imagination. I love seeing what you create," Mom answered.

"Als je geen zin hebt om te praten en gewoon stil wilt zijn, dan begin je je verbeelding te gebruiken. Ik vind het leuk om te zien wat je verzint," antwoordde mam.

Then she whispered in my ear, "I love you when you're quiet too."

Toen fluisterde ze in mijn oor, "Ik hou ook van je als je stil bent."

"But do you still love me when I'm afraid?" I asked.
"Maar hou je nog steeds van me als ik bang ben?" vroeg ik.

"Always," said Mom. "When you're scared, I help you check that there are no monsters under the bed or in the closet."
"Altijd," zei mam. "Als je bang bent, dan help ik je om te controleren of er geen monsters onder het bed of in de kast zitten."

She kissed me on the forehead. "You are so brave, my sweetheart."

Ze kuste me op mijn voorhoofd. "Je bent zo dapper, lieverd."

"And when you're tired," she added softly, "I cover you with your blanket, bring you your teddy bear, and sing you our special song."

"En als je moe bent," voegde ze er zachtjes aan toe, "dan leg ik een deken over je heen, breng je je teddybeer en zing ik ons speciale liedje voor je."

"What if I have too much energy?" I asked, jumping to my feet.

"Wat als ik te veel energie heb?" vroeg ik, overeind springend.

She laughed. "When you're full of energy, we go biking, skip rope, or run around outside together. I love doing all those things with you!"

Ze lachte. "Als je vol energie zit, dan gaan we samen fietsen, touwtjespringen of samen naar buiten om te rennen. Ik hou ervan om al die dingen met je te doen!"

"But do you love me when I don't want to eat broccoli?" I stuck out my tongue.

"Maar hou je van me als ik geen broccoli wil eten?" Ik stak mijn tong uit.

Mom chuckled. "Like that time you slipped your broccoli to Max? He liked it a lot."

Mam grinnikte. "Zoals die keer dat je je broccoli aan Max had gegeven? Hij vond het heel erg lekker."

"You saw that?" I asked.
"Heb je dat gezien?" vroeg ik.

"Of course I did. And I still love you, even then."
"Natuurlijk heb ik dat gezien. En ik hou zelfs dan nog steeds van je."

I thought for a moment, then asked one last question:
Ik dacht even na en stelde toen nog een laatste vraag:

"Mommy, if you love me when I'm gloomy or mad... do you still love me when I'm happy?"
"Mama, als je van me houdt als ik somber of boos ben... hou je dan nog steeds van me als ik blij ben?"

"Oh, sweetheart," she said, hugging me again, "when you're happy, I'm happy too."
"O, lieverd," zei ze, terwijl ze me weer omhelsde, "als je blij bent, dan ben ik ook blij."

She kissed me on the forehead and added, "I love you when you're happy just as much as I love you when you're sad, or mad, or shy, or tired."
Ze kuste me op mijn voorhoofd en voegde eraan toe, "Ik hou net zoveel van je als je blij bent als dat ik van je hou als je verdrietig, boos, verlegen of moe bent."

I snuggled close and smiled. "So... you love me all the time?" I asked.

Ik knuffelde haar harder en glimlachte. "Dus... je houdt altijd van me?" vroeg ik.

"All the time," she said. "Every mood, every day, I love you always."

"Altijd," zei ze. "Ik hou bij welk gevoel je ook hebt, elke dag, altijd van je."

As she spoke, I started feeling something warm in my heart.
Terwijl ze sprak, begon ik iets warms in mijn hart te voelen.

I looked outside and saw the clouds floating away. The sky was turning blue, and the sun came out.
Ik keek naar buiten en zag de wolken wegzweven. De lucht werd blauw en de zon kwam tevoorschijn.

It looked like it was going to be a beautiful day after all.
Het leek erop dat het toch een mooie dag zou worden.

www.ingramcontent.com/pod-product-compliance
Lightning Source LLC
LaVergne TN
LVHW072107060526
838200LV00061B/4823